# ORFA



Ballet-pantomime en deux actes

PAR

## HENRY TRIANON et MAZILLIER

MUSIQUE DE

## M. ADOLPHE ADAM

Décors de MM. CAMBON et THIERRY

PRÉSENTÉ, POUR LA PREMIÈRE FOIS, A PARIS, A L'ACADÉMIE IMPÉRIALE
DE MUSIQUE, LE 29 DÉCEMBRE 1852.

# PARIS

MICHEL LÉVY FRÈRES, LIBRAIRES-ÉDITEURS,
RUE VIVIENNE, 2 BIS

1858

# PERSONNAGES

LODBROG , jeune chasseur islandais,
fiancé d'Orfa . . . . . . . . . MM. Petipa.
LOKI, dieu du feu. . . . . . . . Berthier.
ODIN, dieu suprême du Walhalla. . . Lenfant.
LE CHEF DES PRÊTRES DE LOKI . Pluque.
LE PÈRE DE LODBROG . . . . . Dauty.
LE PÈRE D'ORFA . . . . . . . Cornet.
ORFA, fiancée de Lodbrog . . . . . M<sup>mes</sup> F. Cerrito.
VOLUSPA . . . . . . . . . . . Bagdanoff.
BRENNA. . . . . . . . . . . . Louise Marquet.
FENRIS . . . . . . . . . . . . Mathilde Marquet.
NORNA . . . . . . . . . . . . Rousseau.
SCALDA . . . . . . . . . . . Mathé.
FREÏA. . . . . . . . . . . . . Jendron.
HÉLA . . . . . . . . . . . . . Féneux.

Un Prêtre d'Odin, Prêtres de Loki, Gardiens de l'Hécla,
Nymphes du cratère, Divinités du Walhalla, Islanlais
et Islandaises.

# ACTE PREMIER.

—

## DANSE.

### REIKIAVIK.

*Pas de trois.*

Mlles ROBERT, TAGLIONI, EMAROT.

### SNARRA.

*Pas de deux.*

M. PETIPA, Mme CERRITO.
M. FUCHS, Mme CAROLINE.

*Paysans islandais.*

MM. Fanget, Barbier, Caron, Faucher, Raymond, Lagrous, Fanzago, Petit, Bion, Lefèvre, Estienne, Michaut, Jeandron.

*Paysannes islandaises.*

Mlles Steussy, Giraud, Chassagne, Gallois, Alvarez, Bouin, Duprez, Poussin, Inemer, Schlosser, Domange, Paget, Barielle, Est. Rousseau, Cellier.

*Demoiselles islandaises.*

Mlles Dedieu, Gaujelin, Thèse, Cassegrain, Heckmanns 2me, Mercier, Simon, Dujardins, Mathé, Navarre, Vibon, Buisson, Henriette Lefèvre, Troisvalets.

*Dames islandaises.*

Mlles Rousseau, Villiers, Danse, Hennecart, Jendron, Maupérin, Heckmanns 1re, Deléaunet, Carabin, Tassin, Toutain, Révolte, Genti, Denfeld, Crétin, Féneux.

*Nobles islandais.*

MM. Vandirs, Duhamel 1er, Mazilier, Goethals, Scio, Grédelue, Lévy, Pissarello, Herbin, Friant, Montfallet, Mirmont, Millot, François 1er, François 2me, Charansonnet.

*Prêtres de Loki.*

MM. Petit, Lefèvre, Estienne, Bion, Carré, Fanzago, Darcourt, Fanget, Raimond, Caron.

## ACTE DEUXIÈME.

—

### Mme CERRITO.

*Voluspa.* — Mlle Bagdanoff.

*Sa suite.*

Mlles Heckmanns 1re, Carabin, Tassin et Révolte.
*Brenna.* — Mlle Louise Marquet.

*Sa suite.*

Mlles Deléaunet, Crétin, Danfeld, Hennecart.

*Fenris.* — Mlle Mathilde Marquet.

*Sa suite.*

Mlles Villiers, Danse, Maupérin, Genti.

*Norma, Scalda, Freia, Héla.*

Mlles Rousseau, Jendron, Mathé, Féneux.

*Forgerons de l'Hécla.*

MM. Petit, Lefèvre, Estienne, Bion, Carré, Fanzago, Darcourt, Fanget, Friant, Charansonnet, Lagrous, Caron, Raimond, Duhamel I<sup>er</sup>, Duhamel 2<sup>me</sup>, et Barbier.

*L'Image de Lodbrog.* — M Mirmont

*Nymphes du Cratère.*

M<sup>lles</sup> Troisvalets, Rousseau, Genti, Villiers, Féneux, Danfeld, Hennecart, Tassin, Heckmanns 1<sup>re</sup>, Maupérin, Carabin, Danse, Révolte, Mathé, Jendron, Crétin, Deléaunet, Duprez, Navarre, Heckmanns 2<sup>me</sup>, Gaujelin, Thèse, Buisson, Dujardins, Domange, Vibon, Cassegrain, Paget, H. Lefèvre, Gallois, E. Rousseau, Bouin, Chassagne, Giraud, Steussy, Simon, Schlosser, Zoé, Jourdain, Mercier, Poussin, Petit, Cellier, Barielle, Pillevoix, Inemer, Mortier, Nella, Ducimetière, Lami, Heckmanns 3<sup>me</sup>, Davignon, Letourneur, Fénélio, Mahussier, Villeroy, Montgazon, Noël.

*Divinités du Walhalla.*

*Frigga.* — M<sup>lle</sup> LETELLIER.

*Thor.* — M. CARRÉ.

*Les Nornes.*

M<sup>lles</sup> Pillevoix, Inemer et Cellier.

*Niord.* — M. ESTIENNE.

*Balder.* — M. LEFÈVRE.

*Tyr.* — M. BION.

*Brage.* — M. FAUCHER.

*Iduna.* — M<sup>lle</sup> LEBAIGLE.

*Eira.* — M<sup>lle</sup> DELAUNEU.

*Gésione.* — M<sup>lle</sup> DELION.

# ORFA.

*Snotra.* — M<sup>lle</sup> MIGNARD.

*Gna.* — M<sup>lle</sup> DESCAMPS.

*Heimdal.* — M. PETIT.

## Walkyries:

M<sup>lles</sup> de Haspe, Motteux, Buneau, Franck.

*Un prêtre d'Odin.*

# ORFA

## ACTE PREMIER



Le théâtre représente la plage de Reikiavik, en Islande. A la droite du spectateur s'élèvent l'autel et la statue de Loki, le dieu du feu, dont le culte fut renversé par les dogmes supérieurs du dieu Odin. La statue tient un marteau dans sa main droite. En avant de l'autel se voit la demeure des prêtres de Loki. Elle s'appuie contre de hautes falaises qui s'enfuient vers le fond, laissant à découvert un Océan de glace hérissé de pics énormes. Le mont Hécla, le volcan de l'Islande, se dresse dans un sombre lointain, à l'extrémité de la courbe immense décrite par les falaises.

—

Au lever de la toile, un beau feu de branches mortes flambe sur la plage et se répercute sur la glace et sur les roches. L'aube commence à peine. Autour du feu se chauffent et devisent gaiement des Islandais et des Islandaises, tandis que plusieurs d'entre eux, debout sur les falaises, semblent faire sentinelle. Deux autres, sur le devant du théâtre, s'entretiennent de leur jeune maître, Lodbrog le chasseur, qui va épouser, ce matin même, la plus jolie fille de Reikiavik. On les appelle pour vider, de nouveau, quelques coupes d'hydromel. Ils se rapprochent du feu. Cependant le jour succède graduellement à l'aube.

Tout à coup, les sentinelles, debout sur les falaises, en descendent et se précipitent sur la scène. Tout le monde se lève et regarde vers la mer. La joie la plus vive se peint sur tous les visages. Ce sont les fiancés qui arrivent, suivis de leur famille.

Un élégant traîneau, attelé de deux poneys, s'élance jusque sur le devant du théâtre. Une jeune fille, enveloppée de fourrures, et un jeune homme y sont assis. Ce sont Orfa et Lodbrog, les deux fiancés. D'autres traîneaux se succèdent. On met pied à terre. La famille de Lodbrog et celle d'Orfa s'adressent des félicitations mutuelles.

« Quelle charmante fille ! quelle délicieuse compagne pour le foyer domestique ! Jamais son mari ne manquera de vêtements de peaux et de tissus de laine.

— Quel beau et vaillant jeune homme ! Jamais sa femme ne manquera de gibier et d'huile. L'abondance et la gaieté ne quitteront point la cabane.

— Buvons ! buvons à leur union prospère ! »

On apporte de larges coupes. On se prend les mains et l'on boit.

Parmi les Islandais qui se pressent autour du feu, se trouve un vénérable vieillard, à longue barbe blanche. Il voudrait aussi prendre sa part de la douce chaleur et de la boisson fermentée. Mais la jeunesse n'est pas toujours compatissante. On le repousse, on le maltraite, il chancelle, il est sur le point de tomber, quand Lodbrog, indigné de cette brutalité, intervient vivement, reproche leur dureté de cœur aux jeunes convives, offre son bras au vieillard, le fait asseoir près du feu à sa propre place, et le fait boire dans sa propre coupe.

Des sons de harpe se font entendre. Le vieillard se

lève, étend la main droite sur la tête de Lodbrog, en regardant le ciel, et disparaît au milieu des Islandais étonnés.

Cet épisode a donné un élan plus vif à la joie générale.

## BALLET.

Lodbrog, après avoir serré tendrement sa fiancée contre sa poitrine, s'élance vers la demeure des prêtres, et, saisissant la trompe suspendue à sa ceinture, il fait entendre un appel. La porte s'ouvre, et un prêtre, revêtu d'une robe couleur de feu, se présente.

« Que veut le jeune Lodbrog, l'indomptable chasseur?

— Lodbrog désire être uni à la belle Orfa, la savante fileuse.

— Les deux fiancés s'aiment?

— Comme les fleurs aiment l'été, comme la neige aime l'hiver.

— Les familles sont d'accord?

— Comme le renne et sa compagne.

— C'est bien. Prêtres de Loki, venez assister votre chef. »

Musique grave et religieuse, entremêlée des sons du tambourin (*). Les prêtres de Loki sortent de la caverne et s'avancent processionnellement vers l'autel. Ils s'agenouillent, puis, se relevant, ils vont se déployer en demi-cercle de chaque côté de la statue.

* N. B. Le tambourin des prêtres tartares du Schamanisme. On devra le retrouver au 2ᵉ acte. Il est le symbole de Loki comme la harpe est le symbole d'Odin.

Tous les assistants se sont aussi agenouillés. Sur un signe du grand prêtre, ils se relèvent, et les deux fiancés, se tenant par la main et suivis de leurs parents les plus proches, vont s'agenouiller sur un quartier de roc, devant la statue de Loki. Le grand prêtre demande à la fiancée si elle consent au mariage. Elle répond affirmativement. Le fiancé lui remet alors un anneau qu'elle passe à son doigt, et le grand prêtre, unissant leurs deux mains dans la sienne, va pour les bénir, lorsque soudain le marteau du Dieu jette des éclairs.

L'effroi est au comble. Lodbrog seul, tout entier à son amour, triomphe aisément de la première impression que lui cause le prodige. Mais le grand prêtre refuse de passer outre au mariage. Les augures sont menaçants. Le Dieu s'oppose à l'union projetée.

L'indomptable Lodbrog déclare qu'il faut que le mariage se fasse. Le grand prêtre lui objecte la colère du Dieu. Qu'importe à Lodbrog! Il bravera le Dieu jusque sur son piédestal. Et il s'avance vers la statue avec un geste de menace. Le grand prêtre se jette au devant de lui. Lodbrog exaspéré tire son poignard. Le ciel se couvre de nuages. Un orage éclate. La statue de Loki, frappée par la lumière électrique, resplendit comme si elle était de feu.

A ce nouveau témoignage de la colère du Dieu, les prêtres tombent comme foudroyés et la foule se disperse. Orfa s'élance vers le Dieu et le supplie. La statue s'incline vers la jeune fille, et, par la puissance de son regard, la force à monter près de lui sur le piédestal. Lodbrog, luttant contre l'effroi qui commence à le glacer, fait quelques pas en avant. Tout à coup, la statue et Orfa s'enfoncent dans le piédestal et disparaissent au milieu des flammes.

On entend des sons de harpe. Le vieillard à barbe blanche paraît et soutient Lodbrog qui chancelle. Le ciel s'épure. Lodbrog jette autour de lui un regard désolé; et, à l'aspect du piédestal désert, son désespoir éclate.

Qu'est devenue ma belle fiancée? Un Dieu jaloux, le terrible Loki, me l'a enlevée. Il l'a condamnée à vivre au milieu des flammes où il fait son séjour. Ah! je l'irais chercher jusque sous la terre, jusque dans le ciel... Mais hélas! je ne la reverrai plus. Ah! du moins je saurai mourir pour la rejoindre. Et il dirige la pointe de son poignard contre son cœur. Le vieillard l'arrête et lui offre de l'aider à reconquérir sa fiancée. Transport de joie de Lodbrog, qui retombe bientôt dans le désespoir en songeant à l'impossibilité de vaincre Loki.

Le vieillard tire de dessous ses vêtements une flèche d'or et la présente au jeune homme.

— Avec ce talisman, il peut tout braver.

— Mais où est Orfa? dit Lodbrog. Où pourrai-je la retrouver? Où Loki l'a-t-il conduite?

Le vieillard lui montre de la main le sommet de l'Hécla, qui soudain jette des flammes comme pour montrer le chemin à Lodbrog.

— C'est là qu'il retrouvera sa fiancée.

Lodbrog s'élance. les prêtres veulent s'opposer à son passage; il les disperse en leur présentant le talisman dont il est armé.

FIN DU PREMIER ACTE.

# ACTE DEUXIÈME

La scène se passe dans le cratère même du mont Hécla. On pénètre dans le cratère par un escalier d'or que gardent les forgerons du volcan. Le long des pentes intérieures ruissellent des cascades d'escarboucles qui se jettent dans un lac d'argent. Le devant du théâtre représente un parterre émaillé de fleurs et entrecoupé d'arbres. Les fleurs sont d'opales, de rubis, d'émeraudes et d'améthystes; le tronc et les branches des arbres sont d'argent; les fruits d'or ou de rubis. Des hamacs de soie sont suspendus aux branches et des jeunes filles y reposent. Sur le lac d'argent flotte une nacelle d'or, emportant des jeunes filles endormies. Un éblouissant lit de repos incrusté de diamants se voit sur la droite du spectateur.

Le Dieu Loki paraît, tenant dans ses bras Orfa, toujours évanouie. Il la dépose sur le lit de repos et l'admire, puis voyant qu'elle revient à elle, il fait un signe avec la main.

Toutes les gracieuses habitantes du cratère se réveillent et accourent auprès du Dieu. Parmi elles se remarque le groupe des passions et des vices : l'Orgueil, l'Envie, l'Avarice, la Gourmandise, la Colère, l'Indolence et la Volupté. Ils sont représentés par sept belles jeunes filles ayant des attributs différents.

Loki leur ordonne d'employer tout leur art pour préparer Orfa à ses séductions. Il faut qu'Orfa lui appartienne. L'Orgueil, la Gourmandise et la Volupté lui promettent la victoire. Il sort.

## BALLET.

Orfa revient tout à fait à elle et promène autour d'elle un regard charmé. L'Orgueil, avec toutes ses variétés représentées par des jeunes filles, s'avance vers Orfa. On offre à la jeune fille des colliers de perles, des bandeaux de diamants, des gazes d'or et d'argent.

Orfa se laisse d'abord séduire à toute cette magnificence. Elle se laisse parer et elle se regarde avec complaisance dans les miroirs d'or ou d'argent qu'on lui présente. Mais au moment où l'on veut lui ôter son anneau de mariage, pour lui en donner de plus riches, la vue de l'anneau sacré la fait rentrer en elle-même. Elle y pose ses lèvres avec amour, et, jetant loin d'elle les diverses pièces de sa criminelle parure, elle repousse l'Orgueil.

Arrivent alors la Gourmandise et tous les vices qui l'accompagnent. On présente à Orfa des fruits magnifiques ; et, après les avoir admirés, elle en goûte ; puis des liqueurs enivrantes lui sont versées dans des coupes de diamant, et elle y porte ses lèvres.

La Volupté paraît, et le groupe qui la suit passe insensiblement des images de l'amour le plus pur aux tableaux les plus dangereux. Orfa, que le souvenir de Lodbrog prédisposait à l'impression des premières images, se laisse entraîner graduellement dans les enlacements voluptueux des jeunes danseuses.

A ce moment paraît Loki, animé de toutes les fureurs de l'amour sensuel et le teint brûlé par les flammes du volcan.

Orfa frémit d'abord et veut s'enfuir ; puis elle s'arrête, puis elle s'enfuit encore. On voit qu'elle lutte entre son amour pour Lodbrog et la séduction que les tableaux dont elle est environnée exercent sur elle.

Elle va succomber, et déjà Loki, l'enveloppant dans ses bras, l'entraîne palpitante vers le lit de repos. Soudain les trompes d'alarme retentissent, et l'on voit descendre par l'escalier d'or les gardiens de l'Hécla. Ils descendent à reculons, marche par marche, en essayant de se défendre.

Lodbrog paraît ; sa main droite est armée d'une flèche d'or dont il dirige la pointe vers les forgerons du volcan. Il descend, et tout recule devant lui. Il descend toujours, et rien ne lui résiste. Le voilà au fond du cratère.

Cependant Loki n'a pas lâché sa proie, et, tout en la retenant dans ses bras, il tourne un regard d'étonnement et de fureur sur Lodbrog ; mais, à peine les deux fiancés se sont-ils aperçus, qu'ils s'élancent dans les bras l'un de l'autre. Loki fait signe aux forgerons de saisir Lodbrog, mais ceux-ci s'écartent devant la flèche d'or. Loki s'avance à son tour, mais touché par la pointe du talisman redoutable, il recule comme s'il avait été brûlé par un fer rouge.

Il étend alors la main vers Orfa, qui est aussitôt changée en une touffe de roseaux d'or sous les yeux et dans les bras mêmes de Lodbrog ; puis le dieu, avec un geste de rage et de malédiction, s'enfonce sous terre. A l'instant même des arbres d'argent et des rochers d'or sortent du sol et entourent Lodbrog.

Le jeune chasseur embrasse en gémissant les roseaux qui lui dérobent Orfa ; et tous les arbres et toutes les fleurs se penchent et gémissent. Le motif de harpe du premier acte se fait entendre. Lodbrog se retourne. Le Vieillard est devant lui.

Lodbrog l'accuse de l'avoir trompé.

— A quoi bon cette flèche d'or? Elle a pu le préserver lui-même, mais elle a été impuissante pour sauver Orfa, et il n'est arrivé que pour assister à sa métamorphose. Que le Vieillard reprenne son talisman inutile !

Et Lodbrog jette la flèche à ses pieds.

Le vieillard lui fait signe de la ramasser et d'avoir foi en lui. Subjugué par le regard de l'inconnu, Lodbrog se baisse sans le quitter des yeux et ramasse la flèche. Le vieillard lui montre les roseaux et lui ordonne de les toucher avec le talisman. Lodbrog obéit, les roseaux s'entrouvrent et laissent échapper Orfa, qui se jette dans les bras de son amant. Après les premiers transports de la joie, elle demande à Lodbrog comment il a pu la délivrer. Il montre le talisman. Aussitôt les autres arbres et les fleurs s'agitent et gémissent de nouveau. Éclairée par sa propre délivrance, la jeune fille, après avoir obtenu que son libérateur lui remette la flèche d'or, va toucher avec ce talisman les fleurs et les rochers, et une foule de jeunes filles, rendues à leur forme première, viennent danser autour de Lodbrog, que leur montre Orfa en s'inclinant.

### DIVERTISSEMENT.

Le Vieillard reparaît. Lodbrog amène à ses pieds toutes les jeunes filles, et lui demande qui il est.

Un coup de tamtam se fait entendre. La chevelure et la barbe blanche tombent avec les vêtements du vieillard. C'est le dieu Odin, avec son armure d'or et son auréole.

Lodbrog et les jeunes filles se jettent à genoux. Odin saisit alors la flèche, et la tourne vers les quatre points cardinaux. La toile de fond se lève et découvre le Walhalla ou la demeure des dieux scandinaves.

Odin monte l'escalier du cratère et va s'asseoir sur son trône.

Au-dessus de sa tête vient planer un aigle tenant la foudre dans ses ongles. A sa droite est sa femme Frigga; à sa gauche, son fils Thor, le dieu de la tempête. Thor est armé de toutes pièces; une massue est dans ses mains, et une ceinture d'or presse ses flancs. Au pied du trône sont trois belles jeunes filles, les nornes immortelles : l'une représente le passé, l'autre le présent, la troisième l'avenir. Sur un degré inférieur se voient le dieu des mers, Niord, aux ailes bruyantes; Balder, le dieu de l'éloquence; Tyr, le protecteur des athlètes; Brage, le patron des poëtes; Iduna, sa femme, tenant dans ses mains les pommes qui font rajeunir; Eira, la déesse de la médecine; Gésione, la déesse de la virginité; Snotra, la déesse de la science, et Gna, la messagère de Frigga.

Un arc-en-ciel se dessine au-dessus du trône divin; c'est le pont des dieux quand ils veulent descendre sur la terre. Heimdal, gardien du Walhalla, est debout, tient une épée, et fait retentir la trompette qui annonce au monde les ordres d'Odin.

Des génies, vêtus de blanc, amènent Loki enchaîné au pied de l'escalier, tandis qu'Odin étend sa main sur la tête des deux amants agenouillés.

Paris. —Typ. Morris et Comp., rue Amelot, 64.